PROJET

D'EXPOSITION

UNIVERSELLE & PERMANENTE

À

SAN-SALVADOR

(AMÉRIQUE CENTRALE)

PAR

EUG. CHARPENTIER

Consul de la République du Salvador à Bordeaux

Chevalier de l'Ordre Royal de Charles III

———◆○◆———

PARIS

MICHEL LÉVY FRÈRES, LIBRAIRES ÉDITEURS

RUE VIVIENNE, 2 BIS, ET BOULEVARD DES ITALIENS, 15

A LA LIBRAIRIE NOUVELLE

1867

Bordeaux. Imprimerie générale d'Émile Crugy, rue et hôtel Saint-Siméon, 16.

PRÉFACE

———

Les renseignements contenus dans cette brochure
m'ont été fournis par M. G. de Belot, vice-consul de
France au Salvador, chez qui j'ai rencontré une
conformité complète d'idées, et qui a mis à me
renseigner et à me fournir les notes que j'ai coor-
données une obligeance dont je suis heureux de
lui exprimer ma reconnaissance.

EUG. CH.

PROJET

D'EXPOSITION UNIVERSELLE

PERMANENTE

A SAN-SALVADOR

I

La consommation et la production sont les deux termes extrêmes du mouvement d'échange qui s'opère sur toute la surface du globe; elles sont l'alpha et l'oméga de la loi du travail.

Le cultivateur qui lie en gerbes sa récolte, comme le filateur qui roule en pièce l'étoffe sortie du métier; le lapidaire qui vient d'enchâsser une perle ou une opale, comme l'écrivain qui vient de ciseler sa phrase, tous cherchent à écouler le produit de leur travail, soit matériel, soit intellectuel. Trouver le consommateur, tel est le grand problème; problème qui porte souvent avec lui bien des embarras, bien des angoisses.

Le consommateur n'éprouve pas moins d'ennuis pour chercher les objets qui conviennent à ses goûts et à sa fortune.

Les magasins resplendissants d'or, de cristaux, de lumières, que nous admirons chaque soir dans les rues de Paris, et dont le luxe dépasse celui des palais, n'ont d'autre but que d'établir ces rapports tant cherchés entre la consommation et la production; de rapprocher ces deux pôles extrêmes par les moyens les plus propres à attirer l'attention sur les produits de l'industrie exposés ainsi aux regards de tous.

II

Un jour, un homme de génie qui devait faire faire à l'humanité un pas immense en propageant de nouvelles doctrines économiques, Cobden, eut la pensée de réunir temporairement, sur un seul point, des spécimens de tous les produits agricoles et industriels de l'univers. Cette grande conception, heureusement réalisée, eut pour résultat d'augmenter l'émulation entre les divers pays, de créer un véritable tournoi où les vainqueurs recevraient des applaudissements et des palmes ; mais l'industriel et le consommateur, ou, pour mieux dire, le marchand, qui est leur

intermédiaire obligé, nécessaire, indispensable,
se trouvaient peu de temps en présence des
objets exposés. La fête terminée, on enlevait les
marchandises, et on rasait le palais.

Alors, on eut l'idée d'une exposition universelle permanente, sorte de dépôt, accessible à
toute heure, d'échantillons des marchandises du
monde entier.

Cette idée, qui est française, reçoit son exécution à Paris même; le palais d'Auteuil s'achèvera
bientôt, et l'Exposition permanente universelle,
malgré des difficultés financières qui vont heureusement disparaître, ne tardera pas à ouvrir
ses immenses galeries.

III

Mais cette entreprise, si pleine de promesses, dont l'avenir sera fécond, ne mettra jamais en relation l'industrie française avec les négociants des pays de l'autre hémisphère. Tout au plus sera-t-elle visitée par des étrangers riches qui ne sauraient aborder l'ancien continent sans visiter Paris, qu'avec un certain bonheur d'expression ils nomment la capitale de l'Europe. Le négociant français devra toujours aller chercher le consommateur dans les pays excentriques. Et c'est là que de rudes épreuves l'attendent ! Il lui faut lutter loin de ses foyers et sur des points où les Anglo-Saxons ont absorbé le marché.

Écoutons, dans un écrit (1) récent plein d'idées saines et pratiques, M. Victor Herran, dont M. G. de Belot a raconté les heureuses campagnes diplomatiques, et que je cite encore et loue comme écrivain :

« La création des marchés de consommation » que les Anglais ont su établir pour leur indus- » trie avec une persévérance et une habileté » dignes des plus grands éloges, leur a assuré » une supériorité incontestée pour tous les » hommes pratiques qui les ont vus à l'œuvre. » Rien n'est dédaigné par eux. Lorsqu'un pays » ou une île habitée par des sauvages donne

(1) *Notre Marine marchande; causes de son infériorité; possibilité de la relever;* par Victor Herran. — Paris, Étienne Giraud, libraire ; 1866.

» signe de vie, les Anglais sont presque toujours
» les premiers à l'explorer; ils cherchent quels
» peuvent être les produits qu'ils en retireront
» en échange de leurs cotonnades. Leurs calculs
» une fois faits, ils s'occupent de chercher des
» hommes déterminés, habiles et dévoués, qu'ils
» envoient sur les lieux avec la mission, d'abord
» de convertir les habitants à leur foi, puis d'y
» établir un comptoir avec un assortiment de
» leurs produits; d'exhorter les indigènes à ex-
» ploiter les matières premières qu'ils prennent
» en échange de leurs cotonnades, de leur quin-
» caillerie, etc., etc. Si, dans ces pays, ils
» trouvent, la première année, de quoi charger
» un navire, l'année d'après ils trouvent de quoi
» en charger quatre, et l'affaire est faite. Tout
» en gagnant de l'argent, ils ont la satisfaction
» d'avoir civilisé les habitants, en leur appor-
» tant leur religion, leur langue, leurs mœurs,

» leurs coutumes, et cela au profit exclusif de
» la mère-patrie. »

Ces efforts des commerçants anglais sont
constants dans l'Amérique centrale. Les objets
manufacturés de Manchester et de Birmingham
sont transportés à dos de mule dans les pueblos
les plus éloignés de la mer, où ils sont l'objet
d'un immense trafic. Quand nos voisins d'outre-
Manche importent dans ces contrées des vins
français, portugais ou espagnols, des huiles
d'Italie, des fruits du sud de l'Europe, c'est que
leur île brumeuse ne saurait donner ces produits
de climats aimés du soleil.

Ils sont alors les tributaires forcés des contrées
méridionales; mais, s'ils subissent ces nécessités
pour l'importation, ils trouvent leur revanche
quand vient l'exportation : les produits des contrées qu'ils exploitent vont en Angleterre d'une
façon invariable; ils n'arrivent chez nous que

moyennant une prime qu'il nous faut payer à l'activité britannique.

Il résulte de cette situation que les marchandises anglaises sont presque exclusivement demandées par les habitants du Centre-Amérique et, pour ainsi dire, par tous les Hispano-Américains, non à cause de leur supériorité, mais parce que, seules, elles sont connues.

IV

C'est donc vainement que nous fabriquons
en France des objets pleins de bon goût et
d'élégance, bien faits pour plaire aux popu-
lations d'origine latine qui ont formé les co-
lonies espagnoles : ils sont le plus souvent in-
connus.

Comment ce fait ne se produirait-il pas, si
loin du centre de production, quand nous
voyons sous nos yeux certains hommes aisés des
campagnes ignorer même le confort qui est à la
portée des ouvriers des villes?

Telle est la situation du commerce français,

non-seulement dans l'Amérique espagnole, mais dans le monde entier. L'Allemagne, l'Italie, l'Espagne, éprouvent les mêmes difficultés à écouler leurs produits.

Cacher l'étendue du mal serait un acte peu patriotique; mais, — qu'on nous permette de le dire au moment où nous allons demander à l'industrie de notre pays un effort suprême, — nous avons l'aptitude commerciale, le sens colonisateur, l'ardeur des découvertes et des entreprises hasardeuses autant que nos rivaux; seulement, ils ont marché pendant que nos troubles politiques nous maintenaient dans une inaction industrielle et maritime à jamais fatale.

V

Comment croula, avant même la mort de Louis XIV, l'œuvre de Colbert? Par la révocation de l'édit de Nantes. Les protestants, en partant pour l'exil, emportèrent leurs capitaux immenses, cessèrent leurs travaux ; les filatures de la Normandie, les magnaneries de la Touraine chômèrent, et la consommation fut promptement réduite aux abois. La France était-elle donc divisée en deux races, dont l'une avait seule l'esprit industriel? Non ! Éloignés de l'administration, de la magistrature, de toutes les dignités par des lois iniques, les Réformés avaient reporté leur énergie vers le commerce ; ils avaient laissé loin derrière eux le reste de la nation.

Les Juifs forment un exemple encore plus mémorable que nous pouvons citer ici. Durant ce long martyre que leur fit endurer le moyen âge, la propriété leur étant interdite, et le commerce de l'argent, considéré comme impur par les lois chrétiennes, leur étant exclusivement abandonné, qu'arriva-t-il lorsque l'époque moderne, et surtout notre siècle, eurent glorifié le travail et commencé pour l'humanité une ère nouvelle ? Les Juifs, depuis longtemps initiés aux opérations financières, gardèrent les positions acquises, et dominèrent, comme ils les dominent encore, les banques de toutes les grandes places de l'Europe. Il est vrai que le terrain perdu sera regagné un jour par nous, et que le peuple de Moïse ne gardera pas indéfiniment la terre promise du monopole.

Les nations de race latine se heurtent contre des situations antérieurement acquises par la race anglo-saxonne; elles ont retardé leur marche, et trouvent aujourd'hui tous les points stratégiques occupés par des ennemis nombreux, bien décidés à les défendre.

Comment les en déloger?

Quel caractère donner à la lutte?

Que faire?

Employer les moyens de concurrence ordinaires? Mais l'initiative personnelle des négociants français, allemands, espagnols, italiens, ne saurait y suffire; nos adversaires occupent les mêmes positions depuis un siècle. Leur succès actuel est la résultante des efforts et des capitaux de plusieurs générations successivement accumulés. Ils sont sur les lieux; ils possèdent la clientèle, et, ainsi que le dit M. Victor Herran, qui sait si bien appuyer par

des chiffres la netteté de ses appréciations, « ils
» naviguent à dix pour cent meilleur marché
» que nous. »

VI

En luttant par les moyens habituels, nos marchandises, accumulées sur les marchés lointains, nous resteraient pour compte, seraient écoulées à vil prix, et nous feraient payer fort cher l'avantage de les faire connaître dans les pays excentriques. La ruine est au bout de pareils succès.

Faut-il faire appel à l'État, implorer son secours, demander des ressources au budget, à l'impôt, ressusciter la protection atteinte aujourd'hui de coups, dont elle doit mourir ? Mais l'opinion publique est aux entreprises dues à

3

l'initiative individuelle : le budget est pléthorique. D'ailleurs, on a trop compté sur l'État ; il est temps de compter sur soi-même. Une voix auguste nous l'a dit naguère.

Demandera-t-on que chaque consul, comme le fait l'Angleterre, soit un négociant poursuivant l'écoulement des produits nationaux avec son zèle de fonctionnaire augmenté de l'âpreté du marchand ? Mais le Gouvernement de l'Empereur ne l'entend pas ainsi ; il pense que le corps consulaire, en s'abstenant de tout négoce, fait gagner en considération à l'État ce que le commerce perd en agrandissement.

Faut-il envoyer dans tous les pays une légion de missionnaires, et les exciter à imiter les pasteurs anglais qui vendent des bibles en même temps que de la coutellerie et des cotonnades ? Mais jamais le prêtre français ne consentira à faire de son bréviaire un carnet d'échéance.

VII

Et cependant, le littoral maritime du globe entier est hérissé de comptoirs anglais et américains qui sont comme d'innombrables forteresses, prêtes à repousser le débarquement de nos marchandises. La morgue de la race anglo-saxonne va grandissant de jour en jour. Il faut donc, pour aller au consommateur, sortir des voies actuellement tracées. Nos adversaires nous attendent de pied ferme ; ils croient leur position inexpugnable ; loin de l'attaquer de front, nous allons la tourner.

Un seul moyen existe pour arriver à ce but :

Établir à San-Salvador, la ville la plus opu-
lente du Centre-Amérique, une Exposition uni-
verselle et permanente des produits de l'industrie
française et des races latines.

Dès que mon projet a été définitivement
arrêté, je me suis empressé d'en faire part à
LL. EExc. M. Drouyn de Lhuys, alors ministre
des Affaires étrangères, et à M. A. Béhic, ministre
de l'Agriculture, du Commerce et des Travaux
publics. Ces fonctionnaires éminents m'ont fait
l'honneur d'approuver, par lettres en date des
28 février et 1er mars, mon idée, comme devant
être profitable à notre commerce d'exportation.

Fort de la reconnaissance d'utilité de S. Exc.
le Ministre des Affaires étrangères et de S. Exc.
le Ministre de l'Agriculture et du Commerce,
j'ai poursuivi la réalisation de mon idée.

Selon mon projet, un palais, d'une construction simple et peu coûteuse, s'élèverait sur la

place principale de la ville de San-Salvador. Il
serait divisé par sections parfaitement distinctes ;
chaque nation, même l'Angleterre et les États-
Unis, aurait sa division particulière, reconnais-
sable par ses couleurs nationales qui y seraient
toujours arborées. On y établirait, soit des
vitrines, soit des enceintes pour l'étalage des
échantillons, suivant la nature plus ou moins
encombrante des marchandises. Un agent, pré-
posé par chaque nation, suffirait pour expliquer
aux négociants des deux Amériques la nature
des objets exposés, leur appropriation aux différents climats, leur prix avec ou sans fret sur tel
ou tel point. En un mot, le mécanisme d'une
Exposition permanente universelle serait ap-
pliqué en tout ce qui concerne les produits de
l'industrie dont l'écoulement est possible dans
l'autre hémisphère.

VIIJ

J'ai dit que nous n'exclurions pas les Anglo-
Saxons. C'est que la lutte entre eux et nous serait d'un seul coup réduite à des proportions
simples, acceptables ; c'est qu'elle nous serait
enfin possible, et que nos adversaires perdraient
immédiatement des avantages qu'ils ne doivent
qu'à une situation géographique et à des événe-
ments politiques qui passeraient bientôt à l'état
de souvenir.

Lorsqu'un commerçant français veut s'ouvrir
un débouché en Amérique, il lui faut envoyer
préalablement un voyageur qui cherche à créer

des relations sur différentes places. C'est une
dépense de cent francs au moins par jour. Il lui
faudra de prime-abord débourser plus de dix
mille francs avant de diriger un seul colis vers
l'Atlantique. Si la marchandise est encombrante,
il est impossible de la faire acheter sur échantillons. On devra envoyer des dépôts dans ces
pays lointains ; mais, comme nous manquons
de ces connaissances spéciales que les Anglais
ont acquises avec les années, nous passerons par
une triste et coûteuse école. La chapellerie pari-
sienne enverra ses coiffures de feutre ou de soie
dans un pays où les chapeaux légers en jonc
sont seuls possibles à porter. Les objets en acier,
si délicatement agencés chez nous, seront d'un
mauvais débit ; la chaleur humide des tropiques
les oxydera pendant la saison des pluies. Les
fauteuils capitonnés seront repoussés partout ;
les insectes s'y mettraient immédiatement. Les

chaussures, que notre industrie fabrique par
millions, pourraient bien être trop larges pour
les pieds petits et cambrés des Ladinos et des In-
diens. Les ébénistes du faubourg Saint-Antoine,
si fiers de leurs lits merveilleux, échoueront dans
une contrée où l'hygiène commande impérieuse-
ment l'usage des couchettes en fer. Nous parle-
rons pour mémoire seulement des cheminées
envoyées dans des pays où le feu est presque
inconnu. Nous pourrions citer, enfin, cent
exemples où celui qui enverrait des marchandises en dépôt les verrait rester indéfiniment et
tomber en poussière au fond des magasins de
Valparaiso ou de La Union. Il ne retirerait de
ses tentatives qu'une perte sèche et un profond
dégoût.

IX

Avec une Exposition permanente, rien de tel
n'est à craindre ; aucun dépôt n'est nécessaire ;
aucune marchandise n'est perdue. L'Américain
examine les objets exposés à titre d'échantillons.
On lui en explique l'usage, le prix ; il choisit à sa
fantaisie dans les vitrines anglaises ou françaises.
Nous savons que, avec une concurrence ainsi
établie, il ne tardera pas à reconnaître la supériorité du goût de nos nationaux, et qu'il ces-
sera de croire que les objets manufacturés de
provenance anglaise (parfois il n'en a jamais vu

d'autres) sont les premiers en qualité, les seuls qui courent l'univers.

Les demandes de marchandises seront faites en Europe par la société financière concessionnaire de l'entreprise, qui servira d'intermédiaire entre les négociants français et américains.

X

Pourquoi avons-nous choisi le Centre-Amérique pour théâtre de cette opération, aussi simple dans sa mise à exécution qu'immense dans ses résultats? Le titre même de cet ouvrage, tout le contenu de ce livre, répondent suffisamment à cette question. La situation de cette belle contrée, les ports admirables de la baie de Fonseca, la création du chemin de fer de Honduras, feront de l'Amérique centrale l'entrepôt du commerce universel.

Aussi ajouterions-nous à l'Exposition une agence de renseignements destinée à apprendre aux émigrants quelles sont les richesses minières, forestières, etc., qui sont à exploiter sur tous les points du pays.

Maintenant, pourquoi édifierions-nous à San-Salvador le Palais de l'Exposition universelle et permanente?

C'est que cette ville, ancienne capitale de l'Union, est à portée de la baie de Fonseca, de la tête du chemin de fer de Honduras qu'elle joindra tôt ou tard par un tronçon de voie ferrée, et que tous ces motifs déterminants la rendraient l'objet de nos préférences.

Quant au concours de Son Excellence le Président Dueñas, chef actuel de l'administration, on peut le considérer comme acquis. Sa bienveillance et son dévouement à l'État qui lui a confié ses destinées offrent tout d'abord des ressources considérables à l'entreprise. L'administration douanière du Salvador a mis gracieusement à notre disposition tous les documents propres à établir les entrées et les sorties de tous les ports du Pacifique, depuis San-Francisco jusqu'à Panama, et nous a fourni les moyens de comprendre l'étendue du succès réservé à l'Exposition internationale salvadorienne.

XI

Si les lenteurs inhérentes à la formation d'une Société internationale d'Exposition permanente à San-Salvador retardaient l'exécution de nos plans, nous nous réfugierions dans un contre-projet. La situation de notre commerce en Amérique a été si longtemps le sujet de nos méditations, nous comprenons si bien la nécessité d'agir, que nous préférerions à un atermoiement regrettable une application seulement partielle de nos idées.

Le problème d'aller au-devant du consommateur sans avoir à lutter contre les positions acquises de nos rivaux, pourrait être résolu en partie et sans dépenses appréciables ainsi qu'il suit :

Chaque consul établirait, soit dans la maison occupée par la légation, soit dans un local loué spécialement pour cet objet, des vitrines contenant des échantillons des produits de ses nationaux, faciles à écouler dans sa circonscription. Cette Exposition partielle, répétée dans tous les pays du globe, et qui serait une sorte de miniature de l'Exposition générale, serait ouverte plusieurs fois par mois. Le consul se rendrait lui-même dans les salles : il expliquerait aux négociants du pays la nature des objets exposés, leur destination, leur prix ; il se chargerait d'adresser les demandes en Europe par voie administrative. Là se bornerait le rôle des agents du Gouvernement, rôle tout officieux et qui ne s'éloigne point des devoirs attachés à leurs fonctions. Les expéditions des marchandises, les paiements, tout aurait lieu suivant les habitudes commerciales actuelles, sans aucune innovation.

L'envoi des échantillons destinés à servir de spécimen se ferait de Paris ou des autres capitales par le canal des consuls des différents pays, moyennant une modique rétribution.

Telle serait l'application partielle et immédiatement praticable de nos idées ; peut-être à elle seule suffirait-elle pour révolutionner le commerce d'exportation.

XII

Il fut un temps où les relations commerciales, les échanges entre les différents pays, étaient le résultat de guerres longues et sanglantes : un demi-siècle de calamités suffisait à peine pour modifier la situation économique des peuples.

. Il fallut le mouvement des Croisades pour mêler les intérêts commerciaux de l'Orient et de l'Occident, et tous les historiens reconnaissent que les guerres sanglantes du premier Empire ont, du moins, appris aux nations de l'Europe à se mélanger, à se connaître.

Aujourd'hui, grâce aux chemins de fer, aux

fils électriques, aux navires à hélice, tous les points du globe sont en communication constante. Avec une modeste idée, il devient possible de redresser des erreurs, de faire disparaître des monopoles oppressifs qui, en d'autres temps, eussent résisté malgré des guerres sanglantes.

C'est une idée de cette nature que j'ai cherché à développer dans ce livre, persuadé qu'elle ne peut qu'être utile aux intérêts du pays que j'ai l'honneur de représenter, tout en étant profitable à la France.

XIII

Dans ce qui précède, je me suis attaché à faire ressortir les avantages immenses qu'amènerait l'application d'une idée que je considère comme excellente, et qui obtiendra, je l'espère, l'approbation du commerce de mon pays. Ai-je atteint le but que se proposaient mes efforts? Mes lecteurs en jugeront.

Quoi qu'il en soit, ma tâche est terminée, et je devrais m'arrêter ici. Cependant, au moment de poser ma plume, je ne puis résister à un désir qui me presse, celui de consacrer quelques lignes rapides à indiquer les ressources inappréciables qu'offre au monde commercial ce beau pays du Centre-Amérique si peu connu des Européens, et particulièrement la République du Salvador, ce paradis du nouveau monde, la terre la plus riche et la plus féconde qu'il y ait sous le ciel.

Depuis le Mexique jusqu'au fond du golfe de Darien, l'Amérique centrale, que parcourent du sud au nord les prolongements de la Cordillière des Andes, offre simultanément tous les climats de la zone torride et de la zone tempérée. Dans les plaines et sur le littoral des deux Océans, une végétation luxuriante donne aux plantes et aux arbres des tropiques de colossales proportions. En avançant dans l'intérieur, au fur et à mesure que l'altitude s'accroît, la température rappelle celle de la France ; nos fruits et nos fleurs reparaissent ; le blé pousse et mûrit comme dans les champs de la vieille Europe.

La flore de ces régions fortunées entre toutes

est une mine inépuisable, une source inta-
rissable de richesses. Il y a des forêts immenses, absolument inexploitées, qui pourraient
pendant des siècles alimenter une foule d'in-
dustries telles que l'ébénisterie et la construction
des navires. L'acajou, le campêche, le bois d'é-
bène, le chêne, le pin, y abondent et forment
une des grandes ressources du pays. Le café, le
cacao, la vanille, le coton, l'indigo, fourniraient
au commerce de toutes les nations d'incompa-
rables éléments de trafic ; nulle part ailleurs
notre marine marchande ne trouverait en quan-
tité pareille ni dans de plus favorables conditions
les matériaux de ses chargements de retour.

Si maintenant nous portons nos regards sur
les richesses minérales du Centre-Amérique,
nous trouverons encore que, sous ce point de
vue, les divers États de l'ancienne Union His-
pano-Américaine ne sont surpassés par aucune

autre contrée du monde. Les entrailles du sol de
cette ancienne colonie espagnole recèlent des
trésors presque inexplorés jusqu'à ce jour : on y
trouve toutes les variétés de pierres précieuses.

XIV

Depuis la conquête espagnole, la grande préoc-
cupation des hommes qui ont gouverné ces pays
a été de chercher et de trouver le moyen d'opérer
la jonction des deux océans Atlantique et Pacifique. Différentes combinaisons ont été tour à tour
agitées. On a songé à relier ces deux mers par un
canal, en utilisant les lacs et les cours d'eau du
Nicaragua. Plus tard, on a construit, vers l'extré-
mité nord de l'Amérique du Sud, une voie de fer
qui coupe l'isthme; mais cette voie est incom-
mode; ses deux têtes, Colon et Panama, n'ont
pas un port sûr; puis, cette ligne impose aux

marchandises et aux voyageurs des difficultés, des lenteurs et des dangers sanitaires qu'il y aurait grand intérêt à éviter. Le meilleur moyen de communication de l'un à l'autre Océan sera celui qui, partant du golfe de Honduras et de Puerto-Caballos, se dirigera sur l'ancienne Valladolid, aujourd'hui Comayagua, pour aboutir sur le golfe de Fonseca, au port de La Union, qui sera son terminus. La ville de San-Salvador, capitale de la République dont j'ai l'honneur d'être le Consul à Bordeaux, ne pourra pas manquer d'être reliée au chemin de fer interocéanique, et cette jonction accroîtra singulièrement la prospérité de ce riche et fertile pays.

XV

J'ai écrit tout à l'heure le nom du golfe de
Fonseca. Cette grande et admirable baie est
incontestablement le port le plus vaste et le
plus beau qu'il y ait au monde. Quand les
navires venant du sud ou descendant du nord
arrivent en face des côtes salvadoriennes, les
deux volcans, voisins du golfe, leur indiquent
ce refuge aussi sûr qu'immense. Les passes
n'offrent aucun danger aux bâtiments; quand
ils les ont franchies, un port admirable, avec
un panorama sans pareil, se déploie devant eux,
parsemé d'îles couvertes d'une prodigieuse végé-

tation. Si grand que soit son tirant d'eau, un navire sillonne en toute sécurité cette mer intérieure qui pourrait contenir les marines militaires et commerciales de toutes les puissances. Comme surcroît de richesses, et grâce à la sollicitude de la Providence, non loin des bords de ce golfe sans rival, se trouvent des mines de houille, probablement d'une grande richesse, capables de fournir leur provision de charbon aux bâtiments de guerre et aux steamers du commerce. Ces gisements semblent inviter les grandes puissances européennes à établir dans ces parages des dépôts d'approvisionnement et des stations pour leur marine de guerre.

Il faudrait des volumes pour faire connaître rien que sommairement toutes les ressources du Centre-Amérique, et particulièrement de la République du Salvador, le plus florissant des États de cette contrée. Pour ne pas trop m'éloigner de mon but, je me bornerai aux indications qui précèdent. Je suis heureux d'ajouter, en terminant, que la garantie la plus puissante que les richesses de cet État recevront tout leur développement réside dans la haute intelligence et le patriotisme éclairé des hommes éminents qui gouvernent la République, et particulièrement dans la grande sagesse et le libéralisme sincère de Son Excellence le Président Don Francisco Dueñas, secondé en tous points, en France, par Son Excellence M. Victor Herran, ministre plénipotentiaire à Paris.

www.ingramcontent.com/pod-product-compliance
Lightning Source LLC
Chambersburg PA
CBHW050519210326
41520CB00012B/2361